AF542343

D. O. M.

ACCOMPAGNEMENT DU PLAIN-CHANT

SUR L'ORGUE OU L'HARMONIUM

MÉTHODE

COMPLÈTE

POUR L'APPLICATION FACILE ET IMMÉDIATE

DE

L'HARMONIE AU PLAIN-CHANT

ET PLUS SPÉCIALEMENT

AU CHANT ADOPTÉ PAR LA COMMISSION DE REIMS ET DE CAMBRAI

PAR

M. l'Abbé C. GEISPITZ

DU DIOCÈSE DE SOISSONS

OUVRAGE APPROUVÉ PAR Mgr L'ÉVÊQUE DE SOISSONS ET LAON

et destiné à MM. les Ecclésiastiques, Instituteurs, etc., etc.

Seul Dépôt chez M. HACARD, Marchand de Musique, rue du Collège, 8, à Soissons

IMPRIMERIE ET LITHOGRAPHIE DE D. BERTHAUT, A GUISE.

LETTRE D'APPROBATION

A Monsieur l'Abbé Geispitz.

Soissons, le 29 Mars 1863.

Monsieur l'Abbé,

J'ai lu avec le plus grand intérêt votre Méthode pour l'accompagnement du Plain-Chant; j'en ai même confié l'examen à des personnes compétentes, et il m'a été assuré qu'elle pouvait, par sa simplicité et sa clarté, mettre, en peu de temps, des élèves en état d'accompagner les principaux offices de l'Eglise.

En conséquence, je consens bien volontiers à ce qu'elle soit imprimée; je fais même des vœux pour qu'elle ait tout le succès qu'elle mérite.

† JEAN-JOSEPH, Evêque de Soissons et Laon.

PRÉFACE

Nous assistons déjà depuis un certain nombre d'années à un mouvement qui se traduit par l'enthousiasme pour tout ce qui touche à l'art musical. Ce fait, que personne de nos jours ne peut nier, frappe tous les regards. Le goût pour la musique pure, sans actions et sans paroles, a fait de rapides progrès au milieu de nous, et chaque jour encore, nous aimons à en admirer les prodigieux développements! Montesquieu a dit de la musique : « C'est le seul de tous les arts qui ne corrompe pas l'esprit. » Cette parole, vraie jusqu'à un certain point pour la musique profane, trouve surtout sa réalisation dans la musique sacrée, l'expression la plus parfaite des sentiments religieux. Le Christianisme a fait de la musique un art tout nouveau; il a presque créé l'orgue, ce magnifique résumé des harmonies du monde.

Mais, ne l'oublions pas, les harmonies et les beautés de l'orgue ne peuvent se réaliser que par le plain-chant et ses graves mélodies. Aussi, un travail pour accompagner le plain-chant a toujours quelque peu d'opportunité, fût-il tardif comme le nôtre. Depuis plusieurs années, la préoccupation constante des artistes religieux a été de donner une méthode pour la formation rapide des jeunes organistes. Nous-même, nous n'avons pas voulu rester entièrement étranger à un zèle aussi louable.

Notre travail, hâtons-nous de le dire, est tout à la fois un Traité pour l'étude du Plain-Chant, et une Méthode élémentaire pour son accompagnement sur l'orgue ou l'harmonium. Le plan que nous exposons plus loin pourrait ne pas indiquer assez l'utilité du tableau général de l'accompagnement, placé à la fin de la Méthode. Nous engageons donc nos lecteurs à en faire une étude toute spéciale et à se conformer entièrement à la manière que nous avons posée pour s'en servir avec fruit. Enfin, nous ferons remarquer que, pour dominantes, nous avons choisi celles qui sont le plus en rapport avec l'étendue ordinaire des voix et le diapason des orgues non transpositeurs. Heureux de ce choix, nous avons pu éloigner le trop grand nombre de signes accidentels, objet de tant de difficultés pour les personnes encore jeunes dans l'art de l'accompagnement.

Facilement, nous sommes amené à dire que notre travail demande indulgence. Soumis au contrôle de personnes compétentes, il a reçu leurs éloges et leurs encouragements.

Nous sommes heureux et fier de ce bon accueil; nous sommes heureux surtout de l'approbation et de la lettre bienveillante de notre digne évêque, Monseigneur de Soissons et Laon. Sa Grandeur a daigné bénir l'auteur et ses pages. Cette bénédiction est un éloge de plus; elle est aussi un encouragement et une recommandation auprès de tous ceux qui veulent, avec nous, consacrer à Jésus et à Marie leur avenir et leurs études musicales.

A Jésus, gloire, honneur et louanges à jamais !!!
A Jésus, la louange des lèvres !
A Jésus, la louange du cœur !

IN TE CANTATIO SEMPER !
(Ps. 70.)

PLAN DE L'OUVRAGE

Deux parties bien distinctes se partagent ce que nous avons à établir sur le Plaint-Chant, considéré en lui-même, et sur la manière de l'harmoniser.

La première partie (Introduction à la Méthode), renferme des notions dont la connaissance est indispensable pour l'étude de l'accompagnement. C'est, en quelque sorte, un Traité élémentaire sur le Plain-Chant.

La deuxième partie, comprise sous le nom général d'accompagnement du plain-chant, renferme deux chapitres : le premier s'intitule : *Théorie de l'Accompagnement;* il traite successivement de l'accord parfait, de sa constitution ou formation, et enfin des différentes faces ou positions sous lesquelles il peut se présenter. Le chapitre second s'intitule : *Pratique de l'Accompagnement;* c'est un exposé simple et précis des règles de l'harmonie, concernant l'emploi de l'accord parfait.

Viennent enfin les deux Tableaux explicatifs : le premier, dans son ensemble, présente les accords parfaits, construits sur chacun des degrés de la gamme, avec leurs différentes positions; le deuxième renferme chacun des XIV tons du plain-chant, avec leur harmonie et leur terminaisons particulières.

Nª Un mot pour justifier les exemples : ils viennent à l'appui des règles, et nous les destinons spécialement à ceux qui s'initient à l'étude du plain-chant et de ses harmonies.

PREMIÈRE PARTIE

CHAPITRE PRÉLIMINAIRE

NOTIONS SUR LE PLAIN-CHANT

DONT LA CONNAISSANCE EST INDISPENSABLE POUR L'ÉTUDE DE CETTE MÉTHODE

On nomme *Plain-Chant* ou *Chant Liturgique,* le chant spécialement usité dans les offices de l'Église.

La science du Plain-Chant consiste : 1° à connaître parfaitement les signes qui servent à l'écrire ; 2° à produire exactement, à l'aide de la voix ou de l'orgue, les sons exprimés par ces signes.

I

NOTATION DU PLAIN-CHANT OU DES SIGNES POUR ÉCRIRE LE PLAIN-CHANT

Les signes usités dans le Plain-Chant sont : 1° la *Portée,* 2° les *Notes,* 3° les *Clefs,* 4° les *Intervalles,* 5° les *Signes accidentels,* 6° les *Barres,* 7° les *Modes.*

§ I

Portée.

La portée est la réunion de quatre lignes parallèles et horizontales sur lesquelles et entre lesquelles on place les notes :

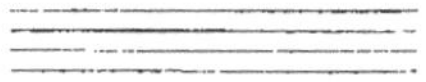

Les lignes de la portée se comptent de haut en bas. (Ce mode que nous adoptons nous parait le plus rationnel. Nous suivons du reste en cela l'usage ancien, assez généralement admis de nos jours) :

1
2
3
4

A ces quatre lignes de la portée, on ajoute quelquefois, mais d'une manière purement transitoire, soit au-dessus, soit au-dessous, une nouvelle ligne appelée *ligne supplémentaire,* et dont le but est de satisfaire aux exigences et à l'étendue d'un morceau de chant :

§ II

Notes

1ment LEUR DÉNOMINATION. — Les notes sont les caractères dont on se sert pour représenter les sons, ou bien encore, et cette définition est plus courte, ce sont les signes représentatifs des sons.

Les notes sont au nombre de sept : DO (ou UT), RÉ, MI, FA, SOL, LA, SI.

2ment LEUR PLACE SUR LA PORTÉE. — Les notes se placent sur les lignes et dans les interlignes de la portée. Leurs différentes positions sur la portée expriment la différence des sons, et leur forme en fait connaître la durée.

3ment DIFFÉRENTES ESPÈCES DE NOTES, LEUR VALEUR. — On distingue dans le plain-chant plusieurs espèces de notes. Chacune de ces notes a une valeur toute particulière. Ainsi :

1° La *carrée simple* ■ est prise pour terme de comparaison. Cette note prend aussi quelquefois le nom de *brève* ou *commune*.

2° La *carrée à queue* ■ ■ vaut deux carrées simples ;

3° La *double carrée* ■■ vaut trois carrées simples ;

4° La *losange* ou *semi-brève* ◆ ne vaut que la moitié de la carrée simple ; c'est pour ainsi dire une note d'agrément, qui sert de liaison entre deux notes placées l'une près de l'autre.

§ III

Clefs

1ment La clef est un signe qui, par sa figure et sa position sur la portée, fait connaître le nom de chacune des notes placées sur cette même portée. Elle se place au commencement d'un morceau, et toujours sur les lignes de la portée.

2ment DIFFÉRENTES ESPÈCES DE CLEFS. — Il y a deux sortes de clefs : 1° la clef d'Ut 2° la clef de Fa

3ment LEUR PLACE DANS LA PORTÉE. — 1° La clef d'Ut se place sur les trois premières lignes de la portée, ou bien, selon notre manière de compter, sur les trois lignes supérieures de cette même portée. Exemple :

2° La clef de Fa se place sur la 2e et sur la 3e ligne, c'est-à-dire sur les deux lignes du milieu de la portée :

Nª On a adopté ces différentes positions pour les clefs, afin d'éviter le trop grand nombre de lignes supplémentaires.

OBSERVATION SUR LA MANIÈRE DE RECONNAITRE LE NOM DES NOTES D'APRÈS LES CLEFS. — La note placée sur la même ligne que la clef prend le nom même de la clef. Cette première note une fois connue, la dénomination des autres devient facile ; il suffit pour cela de suivre l'ordre que nous allons donner :

1ment Pour la clef d'Ut { 1° (Gradation ascendante, c'est-à-dire en montant) : Do, Ré, Mi, Fa, Sol, La, Si, Do.
2° (Gradation descendante, c'est-à-dire en descendant) : Do, Si, La, Sol, Fa, Mi, Ré, Do.

2ment Pour la clef de Fa { 1° (Gradation ascendante) : Fa, Sol, La, Si, Do, Ré, Mi, Fa.
2° (Gradation descendante) : Fa, Mi, Ré, Do, Si, La, Sol, Fa.

Nª Une série de notes réunies dans cet ordre prend le nom de *Gamme*.

Donc, pour connaître les notes d'un morceau quelconque, on part de la note de la clef, et l'on suit, en montant et en descendant, l'ordre naturel des sons tel que nous venons de le donner, en ayant soin toutefois de laisser entre chacune de ces notes la distance voulue.

Mais pour faciliter encore davantage cette étude, nous allons donner ici le tableau de la gamme sur chacune des deux clefs, et dans leurs différentes positions.

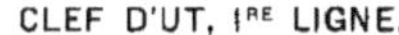

CLEF D'UT, 1RE LIGNE. CLEF D'UT, 2E LIGNE.

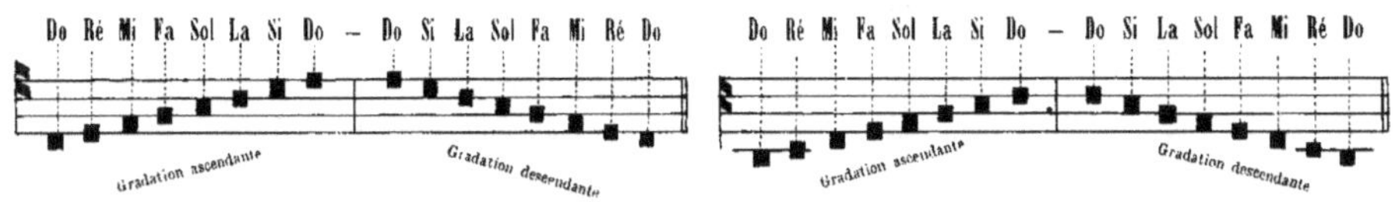

CLEF D'UT, 3E LIGNE.

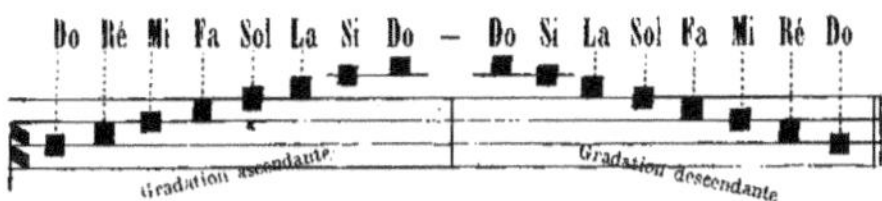

CLEF DE FA, 2E LIGNE. CLEF DE FA, 3E LIGNE.

N' Quant à la manière de changer le nom des notes, nous en parlerons dans l'article de la *transposition.*

§ IV

Intervalles

On appelle *Intervalle* la distance qui existe entre une note et une autre note. Exemple : Do-Ré, Do-Mi, Ré-Fa, etc.

1ment Dénomination des intervalles. — Il y a plusieurs sortes d'intervalles :

L'*unisson,* ou répétition du même son ou de la même note . . . . *Do-Do;*

L'intervalle de *seconde*, composé de deux degrés. . . . . *Do-Ré;*

L'intervalle de *tierce,* composé de trois degrés, dont on a supprimé le degré intermédiaire . . . . *Do-Mi;*

L'intervalle de *quarte,* composé de quatre degrés, dont on a supprimé les deux degrés intermédiaires. *Do-Fa;*

L'intervalle de *quinte,* composé de cinq degrés, dont on a supprimé les trois degrés intermédiaires. *Do-Sol;*

L'intervalle de *sixte,* composé de six degrés, dont on a supprimé les quatre degrés intermédiaires. *Do-La;*

L'intervalle de *septième,* composé de sept degrés, dont on a supprimé les cinq degrés intermédiaires. *Do-Si;*

Et l'*octave*, qui n'est pas, à proprement parler, un intervalle, mais la répétition de la première note d'une gamme à une octave supérieure . . . . *Do......Do.*

2ment Nature des intervalles. — On distingue, dans le plain-chant, quatre espèces d'intervalles :

1° L'*intervalle majeur,* le plus grand intervalle compris entre la première note d'une gamme et les notes supérieures de cette même gamme; exemple : les intervalles de *seconde,* de *tierce,* de *sixte* et de *septième.*

2° *L'intervalle mineur.* Le même intervalle que le majeur, renfermant un demi-ton [1] en moins, prend le nom d'intervalle mineur; exemple : les intervalles de *seconde*, de *tierce*, de *sixte* et de *septième*, sont mineurs avec un demi-ton de moins que dans le majeur.

3° *L'intervalle augmenté.* Cet intervalle a un demi-ton en plus que le majeur; exemple : la *quarte augmentée*, (appelée aussi *triton*, c'est-à-dire composée de trois tons pleins). Cet intervalle se trouve entre le *Fa* et le *Si*, dans la gamme naturelle de *Do*.

4° *L'intervalle juste.* Cet intervalle est ainsi appelé, parce qu'il repose entièrement l'oreille; exemple : les intervalles de *quarte*, de *quinte* et l'*octave*. — Ces intervalles, quel que soit d'ailleurs le mode d'un morceau, ne sont jamais altérés et restent par conséquent les mêmes.

Observation. — Tous ces intervalles, à l'exception toutefois de l'intervalle juste, peuvent être altérés par des signes accidentels.

§ V

Signes accidentels

1ment Le *Bémol* ♭ abaisse d'un demi-ton la note devant laquelle il est placé. Il ne se place que devant le *Si*.

Le bémol peut être ou *continuel* ou *accidentel* :

1° Le bémol est *continuel*, lorsqu'il se trouve placé immédiatement après la clef, et répété à chacune des portées du morceau. Dans ce cas, il affecte indifféremment tous les SI que l'on rencontre dans le morceau.

2° Le bémol est *accidentel*, quand il n'est placé que devant la note qu'il doit affecter. Il n'a d'effet alors que dans l'étendue d'une barre à une autre barre.

2ment Le *Bécarre* ♮ détruit l'effet produit par le bémol, et rend à la note SI bémolisée son ton naturel.

N. Le *Guidon* ou placé à la fin d'une portée, sert à indiquer la première note de la portée suivante :

§ VI

Barres

On entend par *Barre* une ligne perpendiculaire qui traverse les lignes horizontales de la portée. Elle indique la séparation des périodes et des membres de phrases.

Il y a trois sortes de barres :

1° La petite barre — indique les petits repos, et ne sépare, pour cette raison, que les notes les unes des autres;

2° La grande barre — indique les grands repos, et sépare entre eux les différents membres de phrases contenus dans un morceau;

3° La double barre, ou barre finale ou de conclusion — indique la fin d'une intonation ou d'un morceau, ou bien même la fin d'une des parties principales d'un morceau.

---

(1) Le Ton est la plus grande distance comprise entre deux notes voisines, dans l'ordre naturel de la gamme.

Le Demi-Ton, au contraire, est la plus petite distance comprise entre deux notes voisines, toujours dans l'ordre naturel de la gamme.

Dans toute gamme il y a cinq tons et deux demi-tons. Les deux demi-tons se placent toujours entre la 3e et la 4e note d'une gamme majeure, et la 7e et l'octave. Ex. : DO RÉ MI FA (demi-ton) SOL LA SI DO (demi-ton)
1 2 3 4 5 6 7 8

§ VII

Modes

On entend par le mot *Mode* la manière d'être d'un ton. C'est le rapport qui existe entre les notes d'un morceau et la finale de ce même morceau.

Chaque mode, pris séparément, a donc deux caractères essentiels qui les distinguent les uns des autres :

1° La *Finale* ou note qui termine un morceau de chant;

2° La *Dominante* ou note autour de laquelle, après la tonique, viennent se grouper de préférence les autres notes d'un morceau.

N• Dans les livres de chant, la dominante est indiquée par une note placée immédiatement après la clef, et au-dessous de laquelle on ne rencontre aucune syllabe.

Nous donnerons, à la fin de la deuxième partie, la dominante de chaque ton, telle que nous l'avons adoptée pour notre méthode.

Les *Modes*, au nombre de quatorze, se divisent en deux classes :

1ment Les *Modes authentiques*, 2ment les *Modes plagaux*.

1° Modes authentiques. — On désigne sous ce nom tous les modes de nombre impair : 1, 3, 5, etc. Ces modes ont pour finale la note la plus basse de leur gamme, et pour dominante la quinte (ou 5e note au-dessus de la finale), à l'exception des 3e et 11e modes dans lesquels la dominante se trouve placée sur la sixte (ou 6e note au-dessus de la finale). De plus, ces mêmes modes ont une octave au-dessus de leur finale.

2° Modes plagaux. — Tous les modes de nombre pair : 2, 4, 6, etc., prennent le nom de Plagaux. Ces modes ont la finale au milieu de leur gamme, c'est-à-dire qu'ils ne montent qu'à la quinte, et complètent leur étendue d'une octave, en descendant d'une quarte (toujours en partant de la finale). Ils ont leur dominante à la tierce (ou 3e note au-dessus de la finale), à l'exception des 4e, 8e et 12e modes qui l'ont à la quarte (ou 4e note au-dessus de la finale).

Chacun de ces modes est indiqué par un chiffre placé en tête du morceau. Si l'on rencontre deux chiffres, le chiffre romain (xiv par exemple) indique le mode du morceau, et le chiffre arabe (6) indique la conformité ou l'union qui existe entre ces deux modes ; exemples :

IX	X	XI (inusité)	XII	XIII	XIV
(1)	(2)	(3)	(4)	(5)	(6)

Enfin, on rencontre encore quelquefois le mot *mixte* placé au-dessous d'un chiffre. Ce mot indique que le morceau est composé du mode indiqué par le chiffre et de son mode correspondant. Mais, pour être compris, il nous faut indiquer les modes authentiques qui correspondent aux modes plagaux, et donner la finale commune à chacun d'eux :

Modes authentiques	1	3	5	7	9	(11)	13
avec la finale correspondante	Ré	Mi	Fa	Sol	La	Si	Do
aux Modes plagaux.	2	4	6	8	10	12	14

Ainsi, un mode sera dit *mixte* toutes les fois qu'il comprendra en lui l'étendue du mode authentique et de son plagal correspondant, et *vice versâ*.

Exemple. — Le 1er mode sera dit *mixte* toutes les fois qu'il comprendra, outre son étendue de mode authentique (c'est-à-dire de Ré à Ré à l'octave), l'étendue de son plagal (2e mode) correspondant (c'est-à-dire de La à La à l'octave). On sait que le mode plagal descend d'une quarte au-dessous de sa finale.

Étendue du 1er mode mixte :

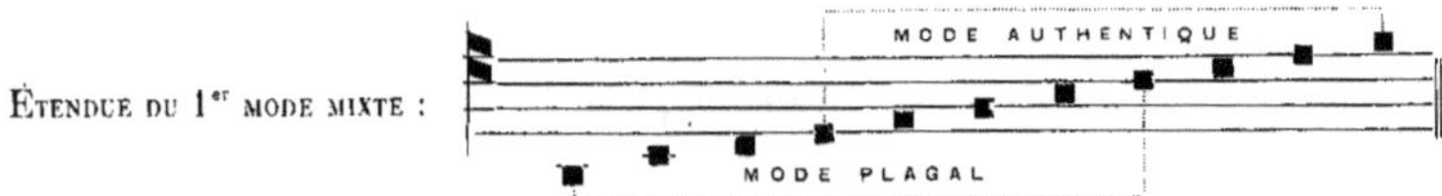

Ainsi en est-il de même pour un mode plagal mixte. Dans l'un comme dans l'autre, c'est la même étendue, mais considérée sous un point de vue différent.

2e Mode mixte :

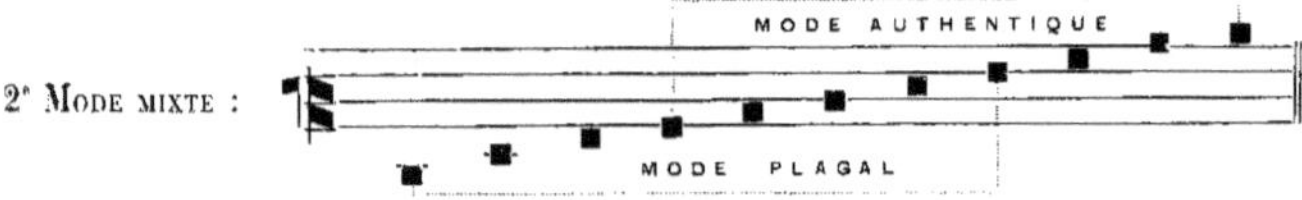

FIN DE LA PREMIÈRE PARTIE.

EXÉCUTION DU PLAIN-CHANT

SUR L'ORGUE

OU

ACCOMPAGNEMENT DU PLAIN-CHANT

ÉTUDE SIMPLE ET FACILE DU CLAVIER

BANDE DU CLAVIER TRANSPOSITEUR (1).

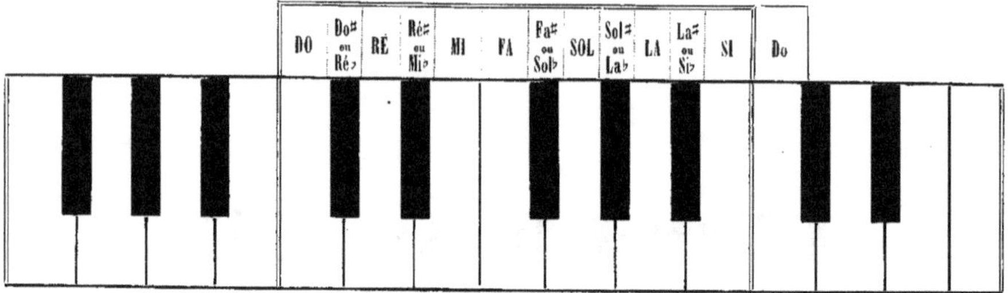

Le clavier de l'orgue est une machine contenant un certain nombre de touches (blanches et noires), disposées d'après les règles de l'harmonie, et sur lesquelles on appuie avec les doigts, à l'effet de produire un ou plusieurs sons. (Manuel du F[r] d'Orgue, encyclopédie Roret).

Ce clavier est mobile ou non, selon que l'orgue est ou n'est pas transpositeur.

N. La figure ci-dessus représente un clavier transpositeur au ton du diapason.

1° MOYEN MÉCANIQUE POUR RECONNAITRE LES NOTES SUR LE CLAVIER.

Les touches noires sont placées par groupe de deux et de trois. (Fig.) La touche blanche qui précède immédiatement les deux premières touches noires, prend le nom de Do, et celle qui précède les trois autres touches noires, celui de Fa. Ces deux premières notes, une fois connues, la dénomination des autres en devient facile : il n'y a pour cela qu'à suivre l'ordre naturel de la gamme, en montant et en descendant.

Ex. : Do, Ré, Mi, Fa, Sol, La, Si... Do. Si, la Sol, Fa, Mi, Ré, Do... Voilà pour les touches blanches.
(En montant). (En descendant).

Quant aux touches noires, elles prennent, en montant, le nom de la touche blanche qui les précède, et représentent les notes, non plus dans leur état naturel, mais altérées par le dièze (♯). En descendant, au contraire, elles prennent le nom des touches blanches qui les suivaient en montant, et représentent les notes altérées par le bémol (♭). [Voir la fig. ci-dessus et la bande d'indication].

2° MANIÈRE DE SE SERVIR DU CLAVIER TRANSPOSITEUR.

L'orgue est au diapason toutes les fois qu'il est disposé comme dans la figure ci-dessus. Si l'on voulait le baisser d'un ton, il faudrait faire glisser le clavier de manière à ce que la touche blanche (Ré) se trouve à la place du Do. L'orgue ainsi disposé, c'est-à-dire baissé d'un ton, serait en Si ♭ (ton généralement adopté pour les grandes orgues). Même opération pour le monter ou le baisser de plusieurs tons. Il suffit, pour cela, de posséder parfaitement le tableau des intervalles, tel que nous l'avons donné dans la première partie.

REMARQUE IMPORTANTE. — « Pour toucher l'orgue ou l'harmonium avec facilité, » dit M. H..., » il est très important d'être assis convenable- » ment; pour cela, il suffit d'avoir un siège légèrement incliné en avant et assez élevé pour que l'exécutant ait les coudes un peu plus haut » que le clavier et les jambes pendantes, de manière que les soufflets soient mis en mouvement avec la pointe des pieds, et que les jambes » restent immobiles. » On évitera ce qu'on appelle communément les coups de soufflet, qui retirent à l'harmonium toute la douceur de son jeu et le rendent même parfois insupportable.

NOTA. Si l'on veut avoir un jeu bien harmonisé, on tirera à droite et à gauche les boutons ou registres avec leurs numéros correspondants. Enfin, si l'on veut donner de la force à son jeu, on y ajoutera les F (forté) placés aux extrémités du clavier. (CONSULTER, POUR PLUS DE RENSEIGNEMENTS, LES AUTEURS QUI ONT TRAITÉ DE LA COMBINAISON DES JEUX).

(1) Cette bande n'existe que pour les orgues harmonium transpositeurs.

DEUXIÈME PARTIE

CHAPITRE PREMIER

THÉORIE DE L'ACCOMPAGNEMENT

L'accord parfait, le plus agréable de sa nature, le moins sujet aux caprices de l'harmonie, est le seul accord employé dans notre méthode.

§ I

Constitution de l'Accord parfait

L'accord parfait se compose de trois notes superposées : la *tonique*, la *tierce* et la *quinte*.

1° Tonique. — La tonique est la première note d'une gamme. On entend par *gamme* la réunion successive des sept notes : Do, Ré, Mi, Fa, Sol, etc.

Ainsi : en *Do*, la tonique est *Do;* en *Mi*, la tonique est *Mi*, etc.

2° Tierce. — On donne le nom de tierce à la troisième note placée au-dessus de la tonique (prise pour point de départ).

Ainsi : en *Do*, la tierce est *Mi;* en *Fa*, la tierce est *La*, etc.

Remarque particulière. — Cette tierce peut être ou *majeure* ou *mineure*.

1° Majeure. — La tierce est majeure toutes les fois que l'on trouve, entre la tonique et cette tierce, la distance de deux tons. (Le ton, sur le clavier, est la distance qui sépare une touche blanche de la touche blanche qui la suit immédiatement; il n'y a d'exception que pour la 3e et la 4e, la 7e et la 8e, entre lesquelles il n'y a qu'un demi-ton).

Toutes les fois que, dans un accord parfait, la tierce est majeure, cet accord prend le nom d'*accord parfait majeur*.

2° Mineure. — La tierce est mineure toutes les fois que l'on rencontre, entre la tonique et cette tierce, la distance d'un ton et demi. (Le demi-ton, sur le clavier, est la distance qui sépare une touche blanche de la touche noire qui la suit immédiatement, ou bien encore, comme nous venons de le voir, la distance qui existe entre la 3e et la 4e touche blanche, la 7e et la 8e).

Toutes les fois que, dans un accord parfait, la tierce est mineure, cet accord prend le nom d'*accord parfait mineur*.

3° Quinte. — On donne ce nom à la cinquième note placée au-dessus de la tonique. Cette note, quel que soit d'ailleurs le mode de l'accord (majeur ou mineur), est toujours placée à distance de trois tons et demi au-dessus de la tonique.

Observation sur la manière de rendre majeur un accord parfait mineur, et vice versâ.

N° Ce changement n'a lieu que pour la tierce; la tonique et la quinte demeurant toujours les mêmes dans les deux modes.

1° Rendre majeur un accord mineur. — Ou bien la note (tierce) est naturelle, c'est-à-dire privée de tout signe accidentel, dièze (♯)(1), bémol (♭) ou bécarre (♮)(2), ou bien elle est précédée d'un bémol (♭). Dans le premier cas, mettez un dièze devant la note (tierce) naturelle; dans le deuxième cas, remplacez le bémol par un bécarre, et vous aurez rendu la tierce majeure, et par là même, l'accord, dans la formation duquel entre cette note.

Exemples :
- 1° Ré . . . Fa (Accord mineur) — Ré . . . Fa♯ (Accord majeur)
- 2° Sol . . . Si♭ (Accord mineur) — Sol . . . Si♮ (Accord majeur)

2° Rendre mineur un accord majeur. — Ou bien la note (tierce) est précédée d'un dièze ou bien elle est note naturelle, c'est-à-dire privée de tout signe accidentel. Dans le premier cas, remplacez le dièze par le bécarre; dans le deuxième cas, placez un bémol devant la note (tierce) naturelle, et vous l'aurez rendue mineure, et par là même, l'accord, dans la formation duquel entre cette note.

Exemples :
- 1° Ré . . . Fa♯ (Accord majeur) — Ré . . . Fa♮ (Accord mineur)
- 2° Sol . . . Si (Accord majeur) — Sol . . . Si♭ (Accord mineur)

§ II

Positions de l'Accord parfait (majeur & mineur)

L'accord parfait majeur ou mineur, tel que nous venons de l'étudier, peut se présenter à nous, relativement à la disposition des notes sur la basse, sous diverses faces, connues plus communément sous le nom de *positions*.

Ainsi, l'accord parfait de DO peut se présenter à nous sous trois positions différentes :

1° DO (note de basse). . . . . Mi — Sol — Do.
2° Id. (id.) . . . . Sol — Do — Mi.
3° Id. (id.) . . . . — Do — Mi — Sol.

N°. Déjà, par cet exemple, on voit que la note de basse, qui est toujours la tonique, reste la même dans les trois positions.

1re Position. — Dans la 1re position, la Tierce est note inférieure de l'accord, la Quinte note intermédiaire, enfin la Tonique note supérieure.

Ex. : Do (note de basse). . . . . Mi (Tierce) — Sol (Quinte) — Do. (Tonique supérieure)

Le chiffre 1, placé au-dessus d'une note, indique cette 1re position.

2e Position. — Dans la 2e position, la Quinte est note inférieure de l'accord, la Tonique note intermédiaire, enfin la Tierce note supérieure.

Ex.: Do (note de basse). . . . . Sol (Quinte) — Do (Tonique) — Mi. (Tierce)

Le chiffre 2, placé au-dessus d'une note de chant, indique cette 2e position(1).

3e Position. — Dans la 3e position, la Tonique (à l'octave supérieure) est note inférieure de l'accord, la Tierce note intermédiare, enfin la Quinte note supérieure.

Ex.: Do (note de basse). . . . . Do (Tonique supérieure) — Mi (Tierce) — Sol. (Quinte)

Le chiffre 3, placé au-dessus d'une note de chant, indique cette troisième position.

---

(1) Le Dièze ♯ augmente d'un demi-ton la note devant laquelle il est placé.
(2) Le Bécarre ♮, en détruisant l'effet produit par le dièze ♯ ou le bémol ♭, rend à la note son ton naturel.

Cette manière d'indiquer les différentes positions d'un accord est purement arbitraire; nous indiquons celle-ci comme plus naturelle et sujette à moins d'embarras. — Au bout de quelques mois d'étude, l'élève, espérons-le, n'aura plus besoin de ce moyen mécanique pour reconnaître les différentes positions des accords.

Le tableau N° 1, placé à la fin de la méthode, présente les accords parfaits construits sur chacun des degrés de la gamme, avec leurs différentes positions.

Remarque particulière. — Toutes les fois qu'un accord est mineur, le chiffre qui représente cet accord, quel-qu'en soit la position, devra être traversé d'une petite barre horizontale : exemple, 1 2 3. De cette manière, on distinguera beaucoup plus facilement un accord parfait majeur, d'un accord parfait mineur (tableau 1).

Exemples : 1° Accord parfait mineur : 1 2 3
2° Accord parfait majeur : 1 2 3

CHAPITRE SECOND

PRATIQUE DE L'ACCOMPAGNEMENT

§ I

Règles de l'harmonie concernant l'emploi de l'accord parfait (majeur & mineur)

1re RÈGLE. *Quintes et Octaves défendues.* — Une faute d'octaves ou de quintes a lieu, en harmonie, toutes les fois que deux mêmes parties font entendre successivement, soit deux ou plusieurs octaves, soit même deux ou plusieurs quintes, en marchant par mouvement direct ou semblable[1]. Cette faute peut exister entre la basse et l'accompagnement, ou bien entre les notes elles-mêmes de l'accompagnement.

On ne devra donc jamais faire suivre, entre les mêmes parties, deux quintes ou deux octaves, surtout par mouvement direct.

Na Cette règle repose sur la nature même des quintes, qui produisent presque toujours, dans leur marche successive, un effet dur et désagréable. Et, en effet, la quinte étant, de tous les intervalles, celui qui fait sentir davantage la tonalité; faire entendre deux quintes de suite, c'est faire naître l'idée de deux tonalités différentes. Or, l'expérience démontre que l'oreille affectionne toujours davantage le ton auquel elle s'est le plus accoutumée, et que l'abandonner sans préparation, c'est la blesser; donc, la succession de deux quintes de même nature est défendue, à moins de se conformer entièrement aux exceptions prévues dans l'harmonie.

Quant aux octaves, on n'en défend l'emploi successif qu'à cause de leur nullité harmonique.

On observera infailliblement cette règle en ne faisant jamais suivre immédiatement deux accords à la même position.

(1) Le mouvement est semblable ou direct quand les parties marchent dans la même direction, c'est-à-dire quand elles montent ou descendent en même temps.

1er Exemple : Faute d'octave et de quinte à la 1re position :

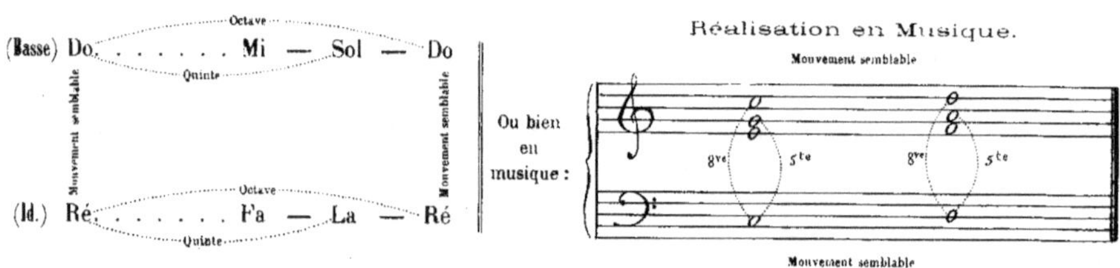

2e Exemple : Faute d'octave et de quinte à la 2e position :

3e Exemple : Faute d'octave et de quinte à la 3e position :

Observation. — 1° On rencontre assez souvent dans le plain-chant, surtout au commencement des morceaux, des notes placées à distance de quarte (2 tons 1/2) ou de quinte (3 tons 1/2) l'une de l'autre. Dans ce cas seulement, on peut employer sur chacune de ces notes, deux accords placés à la même position, en ayant soin toutefois de donner à la note de basse non doublée, une direction toute contraire (1); ou de doubler cette même note de basse dans l'un des deux accords, ainsi qu'on peut en juger dans les exemples suivants.

On pourrait aussi, à la rigueur, laisser ces notes sans les accompagner, la partie qui forme l'octave n'étant plus alors considérée comme partie harmonique, mais seulement comme répétition de cette même note de chant.

(1) La direction ou le mouvement est contraire, quand une partie monte tandis que l'autre descend.

Exemples :

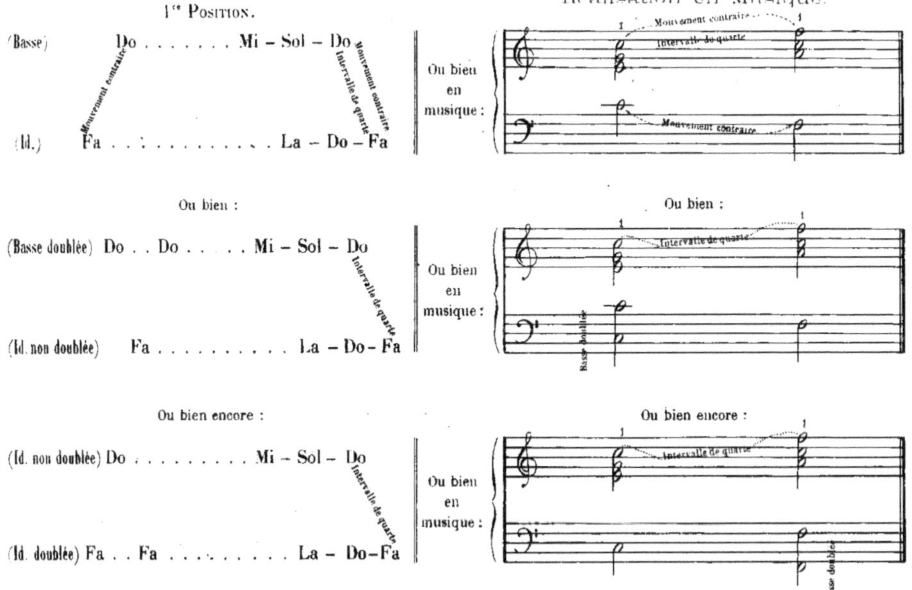

2° On peut encore faire suivre deux mêmes positions, quand la note de chant reste la même.

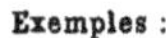

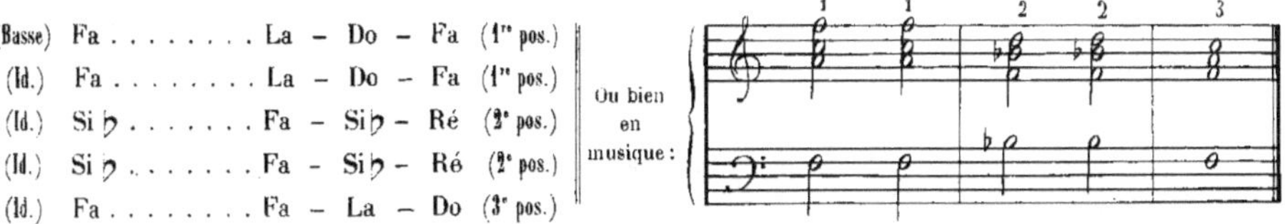

2e RÈGLE. *Fausses relations harmoniques.* — On appelle fausse relation, en harmonie, le rapport faux qui existe entre un son que l'on vient d'entendre dans une partie, et un autre son qu'on entend immédiatement dans la partie suivante.

On observera cette règle en n'affectant d'aucun signe accidentel (dièze, bémol, etc.), une note qui, dans l'accord précédent, aurait été prise dans son état naturel, et *vice versâ*, à moins toutefois que ces deux notes occupent la même place dans les deux accords.

Exemples :

Réalisation en Musique.

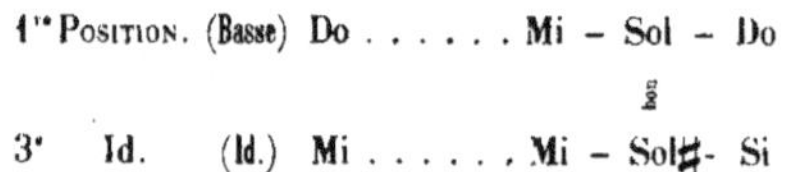

1re Position. (Basse) Do . . . . . . Mi – Sol – Do

bon

3e Id. (Id.) Mi . . . . . . Mi – Sol♯ – Si

1re Id. (Id.) La . . . . . . Do – Mi – La

Ou bien en musique :

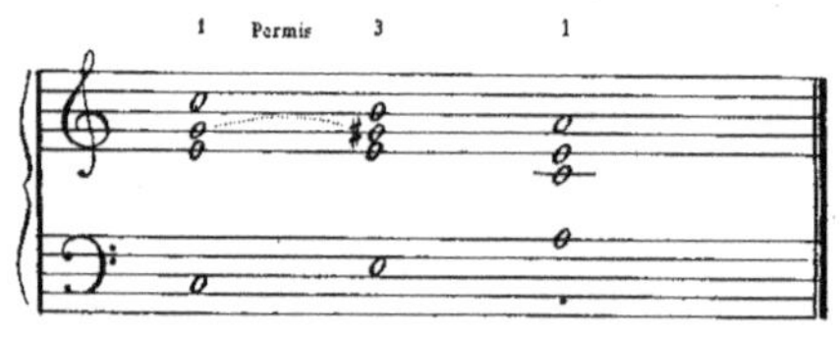

Exemple de fausse relation

1re Position. (Basse) Fa . . . La – Do – Fa

mauvais

3e Id. (Id.) Ré . . . . . . Ré – Fa♯ – La

1re Id. (Id.) Sol . . . Si – Ré – Sol

Ou bien en musique :

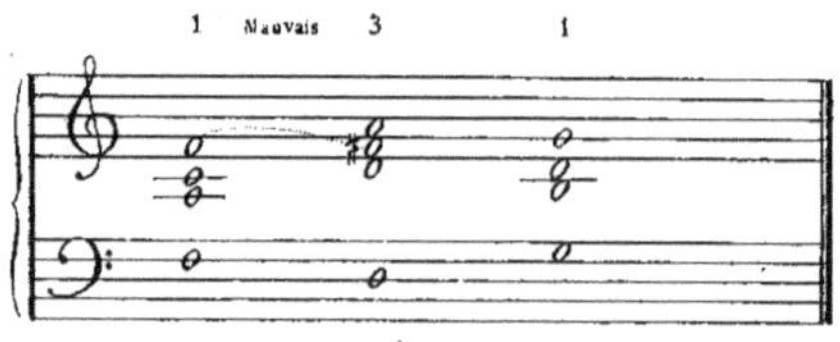

Exemple de fausse relation

3 Mauvais 2 1

3e Position. (Basse) La . . . . . . La – Do♯ – Mi

mauvais

2e Id. (Id.) La . . . Mi – La – Do

1re Id. (Id.) Ré . . . Fa – La – Ré

Ou bien en musique :

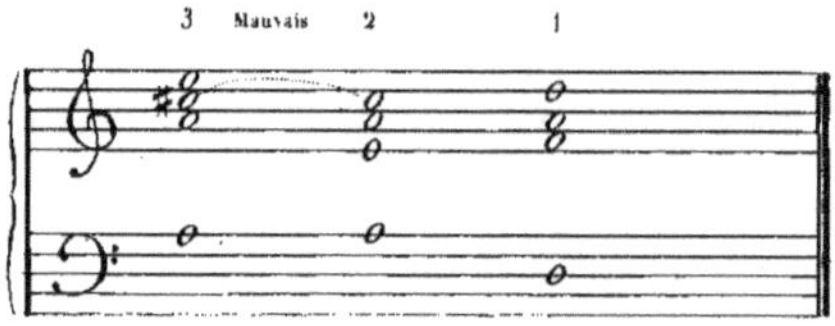

2e Position. (Basse) Si♭. . . . . Fa – Si♭ – Ré

bon

3e Id. (Id.) Sol . . . . . Sol – Si♮ – Ré

1re Id. (Id.) Do . . . . . Mi – Sol – Do

Ou bien en musique :

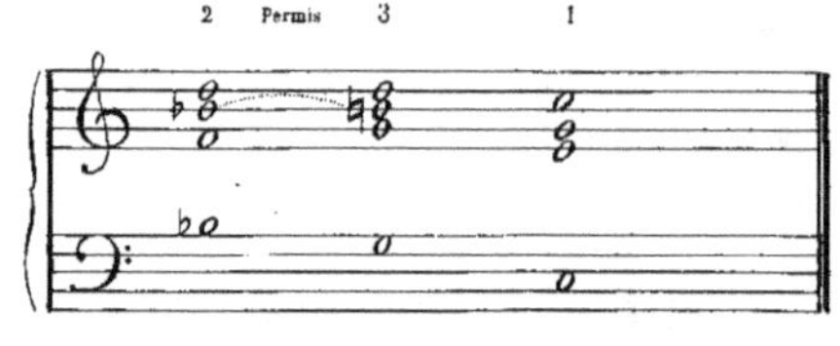

3e RÈGLE. — Cette règle (qui est plutôt, à notre avis, une règle de goût) consiste à employer au commencement et à la fin des morceaux, un accord pris dans sa première position ; et cela, à cause du sentiment de repos que fait naître cette première position.

Remarque. — En suivant avec soin la marche que nous donnons en tête du tableau synoptique (fin de la deuxième partie), on observera, sans aucune difficulté, les trois règles que nous venons d'exposer.

§ II

Réalisation de l'Harmonie sur le Clavier

1° Ainsi que nous venons de le voir au commencement de la deuxième partie, l'accord parfait se compose de quatre notes, dont trois forment l'accord, et la quatrième (tonique) forme la note de basse. Les trois notes de l'accord sont frappées par la main droite.

La note supérieure de l'accord est toujours la note du chant, et les deux autres varient selon les positions.

2° La note de basse, qui est toujours la tonique, quelle que soit la position de l'accord, est frappée par la main gauche. On pourra, pour donner plus de corps à l'harmonie, doubler cette note de basse, c'est-à-dire faire parler avec elle sa note correspondante placée à intervalle de huit notes au-dessous, en ayant soin toutefois de ne pas trop l'éloigner des autres notes de l'accord.

Cependant, si l'effet en est satisfaisant, on pourra laisser une ou deux octaves d'intervalle entre la note de basse et les autres notes de l'accord. (Si l'orgue a des pédales, la note pédale sera généralement la répétition de la note de basse).

DOIGTER OU APPLICATION DES ACCORDS SUR LE CLAVIER.

Ainsi qu'on a pu déjà le remarquer dans la deuxième partie, les accords employés dans notre ouvrage se composent de quatre notes, dont trois seulement sont frappées par la main droite, et la quatrième par la main gauche. Mais, la position des doigts changeant avec chacune des trois positions, nous avons cru nécessaire d'en indiquer ici la position la plus naturelle :

Main droite

- **1° Accord de 1re position.** — 1° Note inférieure (tierce), *pouce ou premier doigt*; — 2° Note intermédiaire (quinte), *index ou deuxième doigt (en commençant par le pouce)*; — 3° Note supérieure (tonique), *petit doigt ou cinquième.*

  Ex : Mi (1) — Sol (2) — Do (5) — etc., etc.

- **2° Accord de 2e position.** — 1° Note inférieure (quinte), *pouce;* — 2° Note intermédiaire (tonique), *deuxième doigt (en commençant par le pouce) ou troisième;* — 3° Note supérieure (tierce), *quatrième doigt, ou cinquième (petit doigt).*

  Ex : Sol (1) — Do (2) — Mi (4)[1] *ou* Sol (1) — Do (3) — Mi (5) — etc., etc.

- **3° Accord de 3e position.** — 1° Note inférieure (tonique), *pouce;* — 2° Note intermédiaire (tierce), *troisième doigt;* — 3° Note supérieure (quinte), *cinquième doigt.*

  Ex : Do (1) — Mi (3) — Sol (5) — etc., etc.

Main gauche. — La note de basse doublée se fait avec le pouce et le petit doigt, exemple : (Do (5) . . . . . . Do (1)); non doublée, le doigter est un peu arbitraire; on évitera seulement avec soin toute contorsion et toute grimace dans le doigter, ce qui arriverait infailliblement en plaçant les doigts les uns sur les autres, dans une succession non interrompue de notes.

N° Dans le tableau I, nous rappellerons le doigter adopté pour chacune des trois positions.

Remarque importante. — Il faut avoir soin, dans la réalisation de l'harmonie sur le clavier, de bien lier les accords entre eux, et pour cela, garder autant que possible, sans les frapper de nouveau, les notes communes dans une

---

(1) Toutes les fois que cet accord sera suivi d'une 1re position, on doigtera de cette manière.

succession d'accords. Ainsi soit, par exemple, la succession des trois accords suivants : (Do-Mi-Sol, Do-Fa-La, Fa-La-Do). Dans le 2e accord je garderai, sans le frapper, le Do déjà renfermé dans l'accord précédent; et dans le 3e, je garderai les deux notes Fa-La, pour la même raison.

Enfin, si l'on veut harmoniser d'une manière correcte, variée et agréable, un morceau de chant quelconque, on n'a qu'à se servir du Tableau d'accompagnement dressé à la fin de cette Méthode, en observant, avec la plus grande exactitude, la manière que nous avons indiquée pour s'en servir avec fruit. (Etude du tableau, etc.)

APPENDICE

DE LA TRANSPOSITION

La Transposition en général, dit M. d'Ortigue, est une opération par laquelle on met dans un ton grave un chant qui est dans un ton élevé, et *vice versâ*.

Nous n'avons pas ici à entrer dans de plus longs détails, puisque nous avons choisi pour chacun des tons du Plain-Chant, une dominante particulière. (Tableau d'accompagnement).

Nª *Indépendamment de l'étendue des voix que nous avions en vue en adoptant ces dominantes, nous avons voulu aussi éviter à l'élève le trop grand nombre de signes accidentels qui rendraient l'accompagnement par trop difficile, surtout sur l'orgue non transpositeur. Toutefois, afin de ne pas trop restreindre le cadre de la transposition, on pourra, au besoin, et tout en conservant les mêmes dominantes, monter et descendre le clavier transpositeur d'un ou de plusieurs tons.*

TABLEAU I

DES ACCORDS EMPLOYÉS DANS L'ACCOMPAGNEMENT DU PLAIN-CHANT (avec leurs différentes positions)

Nous ne saurions jamais trop recommander l'étude de ce Tableau aux personnes qui désirent faire de rapides progrès dans la science de l'accompagnement. Pour en obtenir tout le succès désirable, il suffit de posséder chacune de ces positions, de manière à les appliquer sans hésiter sur le clavier.

DÉNOMINATION ET CONSTRUCTION DES ACCORDS.					RÉALISATION DES ACCORDS EN MUSIQUE.				
Basse		1re Position	2e Position	3e Position	Basse		1re Position	2e Position	3e Position
Do		1 (1) Mi Sol (Do)	2 Sol Do (Mi)	3 Do Mi (Sol)	Do				
Ré	Mineur	+ Fa La (Ré)	~~2~~ La Ré (Fa)	~~3~~ Ré Fa (La)	Ré	Mineur			
	Majeur	1 Fa♯ La (Ré)	2 La Ré (Fa♯)	3 Ré Fa♯ (La)		Majeur			
Mi♭		1 Sol Si♭ (Mi♭)	»	»	Mi♭				
Mi	Mineur	+ Sol Si (Mi)	~~2~~ Si Mi (Sol)	~~3~~ Mi Sol (Si)	Mi	Mineur			
	Majeur	1 Sol♯ Si (Mi)	»	3 Mi Sol♯ (Si)		Majeur			
Fa		1 La Do (Fa)	2 Do Fa (La)	3 Fa La (Do)	Fa				
Sol	Mineur	+ Si♭ Ré (Sol)	~~2~~ Ré Sol (Si♭)	»	Sol	Mineur			
	Majeur	1 Si Ré (Sol)	2 Ré Sol (Si)	3 Sol Si (Ré)		Majeur			
La	Mineur	+ Do Mi (La)	~~2~~ Mi La (Do)	~~3~~ La Do (Mi)	La	Mineur			
	Majeur	1 Do♯ Mi (La)	»	3 La Do♯ (Mi)		Majeur			
Si♭		1 Ré Fa (Si♭)	2 Fa Si♭ (Ré)	3 Si♭ Ré (Fa)	Si♭				
Si	Mineur	+ Ré Fa♯ (Si)	~~2~~ Fa♯ Si (Ré)	~~3~~ Si Ré (Fa♯)	Si	Mineur			
	Majeur	1 Ré♯ Fa♯ (Si)	»	3 Si Ré♯ (Fa♯)		Majeur			

(1) Les chiffres placés au-dessus des accords indiquent la position de ces accords et leur qualité de majeur ou mineur ; c'est ainsi qu'on devra les exprimer sur le texte même du morceau, jusqu'au moment où toute méprise sera devenue impossible. — La note de chant est toujours la note supérieure de l'accord, placée à cet effet entre parenthèses.

Nª Les accords renfermés dans les tableaux suivants ont tous la même chiffraison, aussi n'avons-nous pas jugé utile de la répéter.

APPLICATION DE L'HARMONIE AU PLAIN-CHANT

TABLEAU SYNOPTIQUE II

RENFERMANT

CHACUN DES XIV TONS DU PLAIN-CHANT AVEC LEUR HARMONIE ET LEURS TERMINAISONS PARTICULIÈRES

Etude du Tableau
ou
Moyen mécanique pour harmoniser le Plain-Chant à l'aide du Tableau.

Voulez-vous harmoniser un morceau quelconque du plain-chant, examinez d'abord à quel ton du plain-chant appartient ce morceau (le chiffre placé en tête du morceau vous l'indique) et prenez le tableau correspondant à ce ton. Exemple : 1er M., 1er ton (tableau).

Ce tableau vous indique : 1° la transposition du morceau, c'est-à-dire, si le morceau doit être accompagné dans son ton naturel sans en changer la clef, ou bien encore s'il doit être transposé ; dans ce cas, prenez la clef indiquée par le tableau, et faites la lecture du morceau, conformément à cette nouvelle clef. 2° Le même tableau vous indique aussi les accords que vous devez employer dans votre accompagnement, avec leurs différentes positions et successions. (Les accords renfermés en si grand nombre dans ce tableau ne sont que la répétition des accords renfermés dans le tableau I.)

Vient ensuite l'application de l'harmonie ou l'harmonisation.

1. Commencer et terminer toujours le morceau par un accord de 1re position, afin de mieux établir la tonalité. La note de chant est toujours la note supérieure de l'accord, placée à cet effet entre parenthèses. Après les grands repos (doubles barres), commencer toujours par un accord de 1re position.

2. Terminer de la même manière chaque phrase partielle du plain-chant, c'est-à-dire chaque phrase comprise dans l'intervalle de deux barres, en ayant soin d'éviter la faute de deux mêmes positions.

3. La première note une fois harmonisée, passer successivement en revue, pour les autres, chacune des trois positions, en allant et revenant, jusqu'au moment où l'on aura trouvé l'accord correspondant à la note de chant. Cet accord une fois trouvé, en indiquer la position sur le livre par le chiffre correspondant à cette position (2e partie, Ch. I, § 2). Si maintenant, arrivé à une position quelconque, vous rencontrez le signe », c'est que l'accord n'est pas en rapport avec la tonalité; passez alors à la position suivante, en ayant encore soin d'éviter la succession de deux mêmes positions.

Nª Dans le cas où, dans une succession non interrompue de notes, on rencontrerait deux accords pour une même note, comme, par ex. : Do, Fa, La — Ré, Fa (La) pour la note La, etc., il faudrait choisir de préférence celui des deux accords qui sera le plus en rapport avec cette succession. Ces accords, construits en quelque sorte pour établir une plus grande liaison dans l'harmonie, seront toujours accompagnés de la remarque (suivi de etc.). Vous avez, par exemple, à harmoniser le passage suivant du 1er ton : La, Si♭ ou La, Sol, au lieu d'employer pour le La, la 2e position de Fa, dans laquelle le La est note supérieure ou note de chant, choisissez de préférence l'accord de Ré (3e position), dans lequel le La est aussi note supérieure ou note de chant, parce que cet accord s'emploie surtout devant la note Si♭ (2e position de Sol), ou devant Sol (1re position). (Tableau du 1er ton).

Même observation pour tous les autres accords du tableau, accompagnés de la remarque (suivi de etc.); donner à la note qui suit cet accord, la position indiquée par le tableau.

N. Les autres accords non accompagnés de la remarque (suivi de etc.), s'emploient indifféremment dans le cours de l'accompagnement.

4. Si la note de chant se répète plusieurs fois de suite, on peut conserver le même accord et la même position sur chacune des notes répétées, à moins d'une succession prévue dans le tableau. Soit, par exemple, le passage suivant du 8e ton : Ré . . . . . . Ré, Ré, Mi, vous conservez, sur les deux premières notes Ré, l'accord de Ré (1re position); mais, sur le 3e, Ré, vous prenez l'accord de Sol (3e position, Ré note supérieure ou note de chant) parce que cet accord s'emploie surtout devant la note Mi (2e position de Do, tableau). — Même observation toutes les fois que ce passage ou d'autres semblables se présentent.

5. Enfin, après chaque tableau, nous avons donné les terminaisons particulières à chaque ton, avec leur harmonie ou accompagnement. — On devra les accompagner de cette manière toutes les fois qu'on les rencontrera. soit à la fin, soit même dans le courant du morceau.

Observation. — En suivant la marche que nous venons de donner, on observera infailliblement les règles de l'accompagnement, exposées dans la 2e partie (C. II).

AVIS IMPORTANT SUR LA DISPOSITION DU CLAVIER TRANSPOSITEUR RELATIVEMENT A NOTRE TRANSPOSITION.

1° Dominante Fa. — Placer le clavier de manière à ce que la touche blanche (Fa) se trouve au-dessous de la note Sol indiquée sur la bande.

L'orgue ainsi disposé se trouve un ton au-dessus du diapason.

2° Dominante Sol. — Placer le clavier de manière à ce que la touche blanche (Sol) se trouve au-dessous de la note Sol indiquée sur la bande.

L'orgue ainsi disposé se trouve au ton du diapason.

3° Dominante La. — Placer le clavier de manière à ce que la touche blanche (La) se trouve au-dessous de la note Sol indiquée sur la bande.

L'orgue ainsi disposé se trouve un ton au-dessous du diapason. (Il est en Si♭, ton généralement adopté pour les grandes orgues).

Enfin, au moyen de notre Tableau, les personnes qui ont déjà une certaine habitude de la musique pourront, sans difficulté, reproduire en musique l'accompagnement de leurs morceaux de plain-chant.

Orgue un ton au-dessous du diapason. **1ER TON** Dominante La (Ré mineur).

On accompagne ce ton au naturel, c'est-à-dire sans changer la clef. Le Si n'est bémol qu'accidentellement, c'est-à-dire qu'on ne doit le faire que quand on le rencontre écrit dans le morceau.

Accords du 1er Ton

DÉNOMINATION ET CONSTRUCTION DES ACCORDS.

Basse		1re Position	2e Position	3e Position
Do		Mi Sol (Do)	Sol Do (Mi)	Do Mi (Sol)
Ré	Mineur	Fa La (Ré)	La Ré (Fa)	Ré Fa (La)(1)
Ré	Majeur	»	»	Ré Fa♯ (La) suivi de (Sol) 1re posit. maj. ou min., ou de (Si♭) ou Si) 2e posit. de Sol.
Mi	Mineur	»	»	Mi Sol (Si)
Mi	Majeur	»	»	Mi Sol♯ (Si) suivi de (La) 1re posit. maj. ou m., ou de (Do) 2e position de La.— Ou de (La) 2e p. de Fa.
Fa		La Do (Fa)	Do Fa (La)	Fa La (Do)
Sol	Mineur	Si♭ Ré (Sol)	Ré Sol (Si♭)	»
Sol	Majeur	Si Ré (Sol) suivi surtout de (Sol), 3e position de Do.	Ré Sol (Si) suivi surtout de (Do), 1re position.	Sol Si (Ré) suivi de (Do) 1re posit. ou de (Mi) 2e p. de Do, Ou de (Do) 2e pos. de La.
La	Mineur	Do Mi (La)	Mi La (Do)	La Do (Mi)
La	Majeur	Do♯ Mi (La) suivi surtout de (La), 3e position de Ré.	»	La Do♯ (Mi) suivi de (Ré) 1re posit., ou (Fa) 2e pos. de Ré. Ou de (Ré) 2e p. de Si♭.
Si♭		Ré Fa (Si♭)	Fa Si♭ (Ré)	»

RÉALISATION DES ACCORDS EN MUSIQUE.

Basse		1re Position	2e Position	3e Position
Do				
Ré	Mineur			
Ré	Majeur			
Mi	Mineur			
Mi	Majeur			ou
Fa				
Sol	Mineur			
Sol	Majeur			ou ou
La	Mineur			
La	Majeur			
Si♭				

TERMINAISONS PARTICULIÈRES AU 1ER TON

Chant ou Texte

	RÉ		MI		RÉ	
	Basse	Accord de 2e position	Basse	Accord de 3e position	Basse	Accord de 1re position
1°	Si♭	Fa Si♭ (Ré)	La	La Do♯ (Mi)	Ré	Fa La (Ré)

	MI		FA		RÉ	
	Basse	Accord de 3e position	Basse	Accord de 2e position	Basse	Accord de 1re position
2°	La	La Do♯ (Mi)	Ré	La Ré (Fa)	Ré	Fa La (Ré)

(1) Ces accords mineurs peuvent avoir, à la rigueur, la même succession que leurs correspondants majeurs. Le choix de l'un ou l'autre de ces deux accords est déterminé par la faute de fausse relation que l'on doit éviter.

(2) Ces deuxièmes positions ne s'emploient que dans le courant des morceaux.

(3) On trouvera réalisée entièrement, dans ce tableau, la succession ou l'enchaînement des accords.

Orgue un ton au-dessous du diapason **9ᴱ TON** (1ᵉʳ M.) Dominante La (Ré mineur).

Transposition. — Si la clef est une clef d'Ut (2ᵉ ligne), on la transporte sur la 4ᵉ ligne. Si au contraire elle se trouve sur la 3ᵉ ligne, on la change en clef de Fa (3ᵉ ligne).

Le Si est toujours bémol; le Mi le devient accidentellement.

Mêmes accords que pour le 1ᵉʳ ton, à l'exception de ceux dans lesquels le Si naturel est note supérieure de l'accord.

De plus :

DÉNOMINATION ET CONSTRUCTION DES ACCORDS.				RÉALISATION DES ACCORDS EN MUSIQUE.			
Basse	1ʳᵉ Position	2ᵉ Position	3ᵉ Position	Basse	1ʳᵉ Position	2ᵉ Position	3ᵉ Position
Mi♭ (accidentel)	Sol Si♭ (Mi♭)	Si♭ Mi♭ (Sol) (rarement)	»	Mi♭ (accidentel)	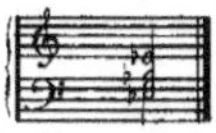	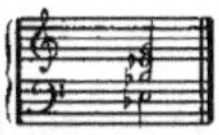	
Si♭	Ré Fa (Si♭)	Fa Si♭ (Ré)	Si♭ Ré (Fa) suivi de (Mi♭) 1ʳᵉ pos. ou (Sol) 2ᵉ p. de Mi♭	Si♭	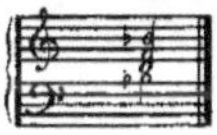	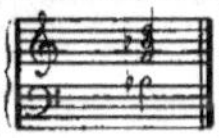	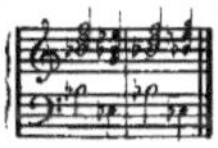

Mêmes terminaisons que pour le 1ᵉʳ ton.

Orgue un ton au-dessus du diapason. **2ᴱ TON** Dominante Fa (Ré mineur).

On accompagnera ce ton au naturel, c'est-à-dire sans changer la clef. Le Si est toujours bémol.

Mêmes accords que pour le 1ᵉʳ ton, à l'exception de ceux dans lesquels le Si naturel est note supérieure de l'accord.

Mêmes terminaisons que pour le 1ᵉʳ ton.

Orgue un ton au-dessus du diapason. **10ᴱ TON** (2ᵉ M.) Dominante Fa (Ré mineur).

Transposition. — La clef d'Ut (3ᵉ ligne) devient clef de Fa (même ligne). Le Si est toujours bémol, et le Mi le devient accidentellement. (Il ne se trouve qu'à la 1ʳᵉ position.)

Mêmes accords que pour le 9ᵉ ton, à l'exception de la 2ᵉ position de Mi bémol.

On rencontre encore, mais très-rarement, le 10ᵉ ton avec une clef de Fa (2ᵉ ligne). Dans ce cas, convertissez la clef de Fa (2ᵉ ligne) en une clef d'Ut (1ʳᵉ ligne). Mettez l'orgue un ton au-dessus du diapason, et vous aurez Si bémol pour dominante.

Mêmes accords et mêmes terminaisons que pour le 1ᵉʳ ton.

Orgue au diapason.

3ᴱ TON

Dominante Sol.

Transposition. — Faire de la clef d'Ut (4ᵉ ligne) une clef d'Ut (2ᵉ ligne). — Le Fa est toujours dièze, sauf le cas du bémol accidentel, qui le rend naturel.

Accords du 3ᵉ Ton

DÉNOMINATION ET CONSTRUCTION DES ACCORDS.					RÉALISATION DES ACCORDS EN MUSIQUE.			
Basse		**1ʳᵉ Position**	**2ᵉ Position**	**3ᵉ Position**	**Basse**	**1ʳᵉ Position**	**2ᵉ Position**	**3ᵉ Position**
Do		Mi Sol (Do)	Sol Do (Mi)	»	Do			
Ré	Mineur	Fa La (Ré)	La Ré (Fa)	»	Ré Mineur			
	Majeur	Fa♯ La (Ré) suivi surtout de (Ré) 3ᵉ posit. de Sol.	La Ré (Fa♯) suivi surtout de (Sol), 1ʳᵉ position.	Ré Fa♯ (La) suivi de (Sol) 1ʳᵉ posit. ou de (Si) 2ᵉ pos. de Sol. Ou de (Sol) 2ᵉ p. de Mi.	Ré Majeur			
Mi	Mineur	Sol Si (Mi)	Si Mi (Sol)	Mi Sol (Si)	Mi Mineur			
	Majeur	»	»	Mi Sol♯ (Si) suivi de (La), 1ʳᵉ posit. ou de (Do) 2ᵉ p. de La. Ou plus rarement de (La) 2ᵉ pos. de Fa.	Mi Majeur			
Fa		La Do (Fa)	Do Fa (La)	»	Fa			
Sol		Si Ré (Sol)	Ré Sol (Si)	Sol Si (Ré) suivi de (Do) 1ʳᵉ posit. ou de (Mi) 2ᵉ p. de Do. Ou même de (Do) 2ᵉ pos. de La.	Sol			
La	Mineur	Do Mi (La)	Mi La (Do) suivi surtout de (Ré) 1ʳᵉ posit. maj. ou min.	»	La Mineur			
	Majeur	»	»	La Do♯ (Mi) suivi de (Ré) 1ʳᵉ posit. maj. ou m., ou de (Fa♯ ou Fa) 2ᵉ p. de Ré.	La Majeur			
Si	Mineur	Ré Fa♯ (Si) Intonation.	»	Si Ré (Fa♯)	Si Mineur			
	Majeur	Ré♯ Fa♯ (Si) Terminaison.	»	Si Ré♯ (Fa♯) suivi de (Mi) 1ʳᵉ posit ou de (Sol) 2ᵉ p. de Mi.	Si Majeur			

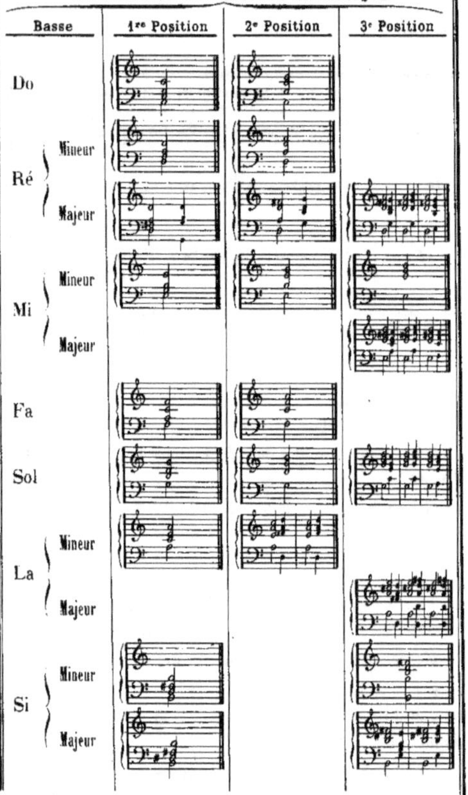

TERMINAISONS PARTICULIÈRES AU 3ᴱ TON

Chant ou Texte

1°

RÉ		DO		SI	
Basse	Accord de 1ʳᵉ position	Basse	Accord de 2ᵉ position	Basse	Accord de 1ʳᵉ position
Ré	Fa La (Ré)	La	Mi La (Do)	Si	Ré♯ Fa♯ (Si)

ou plus rarement :

2°

MI		RÉ		SI	
Basse	Accord de 3ᵉ position	Basse	Accord de 1ʳᵉ position	Basse	Accord de 2ᵉ position
La	La Do♯ (Mi)	Ré	Fa♯ La (Ré)	Sol	Ré Sol (Si)

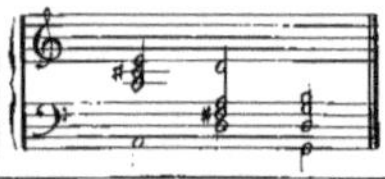

11^E TON (3e M.)

(Inusité)

Orgue un ton au-dessous du diapason

4^E TON

Dominante La

On accompagnera ce ton au naturel, c'est-à-dire sans changer la clef.

Mêmes accords que pour le 1er ton.

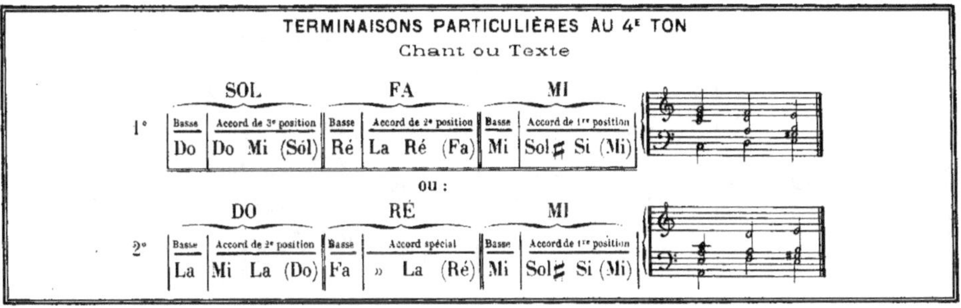

TERMINAISONS PARTICULIÈRES AU 4^E TON

Chant ou Texte

	SOL		FA		MI	
	Basse	Accord de 3e position	Basse	Accord de 2e position	Basse	Accord de 1re position
1°	Do	Do Mi (Sól)	Ré	La Ré (Fa)	Mi	Sol♯ Si (Mi)

ou :

	DO		RÉ		MI	
	Basse	Accord de 2e position	Basse	Accord spécial	Basse	Accord de 1re position
2°	La	Mi La (Do)	Fa	» La (Ré)	Mi	Sol♯ Si (Mi)

Orgue un ton au-dessous du diapason.

12^E TON (4e M.)

Dominante La.

Transposition. — Ou bien la clef est une clef d'Ut (2e ligne), on en fait alors une clef de Fa (2e ligne) ; ou bien encore c'est une clef d'Ut (3e ligne), on la convertit en clef de Fa (3e ligne.)

Le Si est toujours bémol ; le Mi le devient accidentellement.

Mêmes accords et mêmes terminaisons que pour le 4e ton.

5e TON

Transposition. — Ou bien la clef est une clef d'Ut (3e ligne), on en fait alors une clef d'Ut (1re ligne); ou bien c'est une clef d'Ut (4e ligne), on en fait une clef d'Ut (2e ligne). — Le Fa est toujours dièze, sauf le cas du bémol accidentel, qui le rend naturel.

Accords du 5e Ton

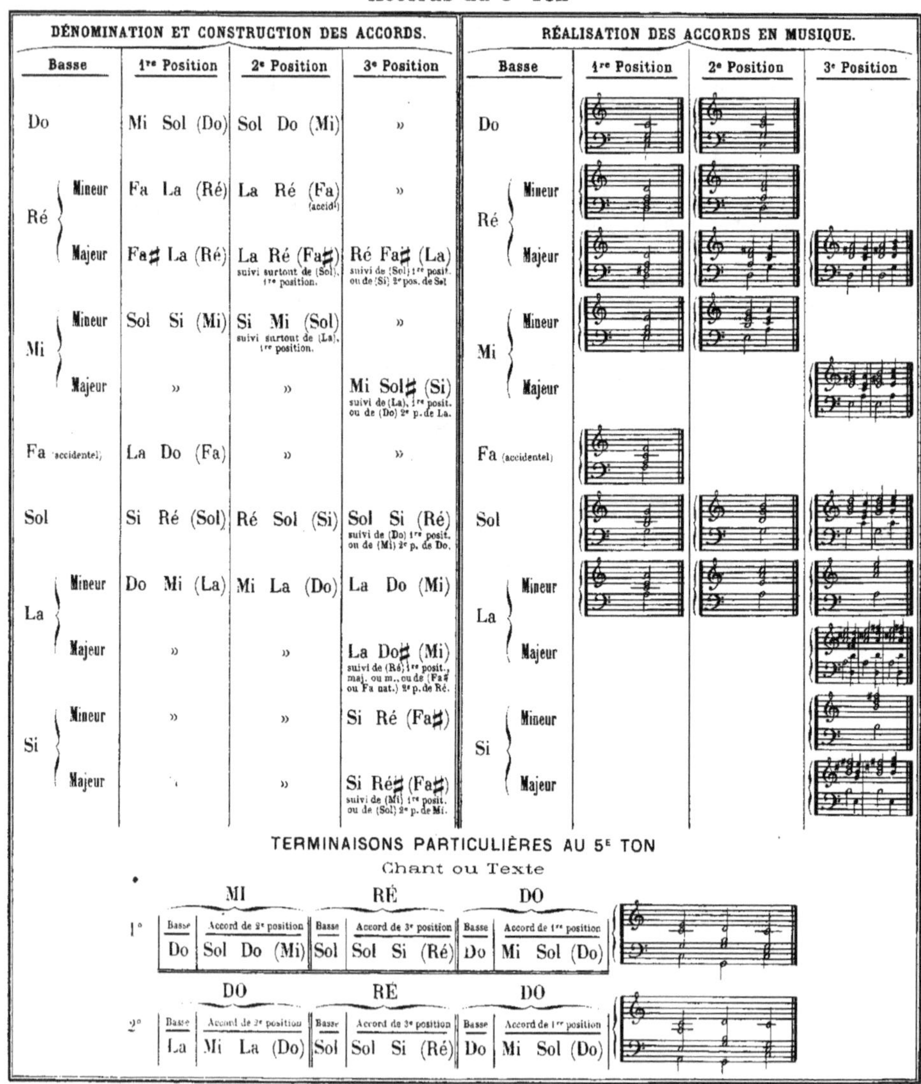

Dénomination et construction des accords.

Basse		1re Position	2e Position	3e Position
Do		Mi Sol (Do)	Sol Do (Mi)	»
Ré	Mineur	Fa La (Ré)	La Ré (Fa) (accidt)	»
Ré	Majeur	Fa♯ La (Ré)	La Ré (Fa♯) suivi surtout de (Sol), 1re position.	Ré Fa♯ (La) suivi de (Sol) 1re posit. ou de (Si) 2e pos. de Sol
Mi	Mineur	Sol Si (Mi)	Si Mi (Sol) suivi surtout de (La), 1re position.	»
Mi	Majeur	»	»	Mi Sol♯ (Si) suivi de (La), 1re posit. ou de (Do) 2e p. de La.
Fa (accidentel)		La Do (Fa)	»	»
Sol		Si Ré (Sol)	Ré Sol (Si)	Sol Si (Ré) suivi de (Do) 1re posit. ou de (Mi) 2e p. de Do.
La	Mineur	Do Mi (La)	Mi La (Do)	La Do (Mi)
La	Majeur	»	»	La Do♯ (Mi) suivi de (Ré) 1re posit., maj. ou m., ou de (Fa♯ ou Fa nat.) 2e p. de Ré.
Si	Mineur	»	»	Si Ré (Fa♯)
Si	Majeur	»	»	Si Ré♯ (Fa♯) suivi de (Mi) 1re posit. ou de (Sol) 2e p. de Mi.

Réalisation des accords en musique.

Basse		1re Position	2e Position	3e Position
Do				
Ré	Mineur			
Ré	Majeur			
Mi	Mineur			
Mi	Majeur			
Fa (accidentel)				
Sol				
La	Mineur			
La	Majeur			
Si	Mineur			
Si	Majeur			

TERMINAISONS PARTICULIÈRES AU 5e TON

Chant ou Texte

1°

	MI		RÉ		DO
Basse	Accord de 2e position	Basse	Accord de 3e position	Basse	Accord de 1re position
Do	Sol Do (Mi)	Sol	Sol Si (Ré)	Do	Mi Sol (Do)

2°

	DO		RÉ		DO
Basse	Accord de 2e position	Basse	Accord de 3e position	Basse	Accord de 1re position
La	Mi La (Do)	Sol	Sol Si (Ré)	Do	Mi Sol (Do)

Orgue au Diapason. **13ᴱ TON (5ᵉ M.)** Dominante Sol.

TRANSPOSITION. — On accompagne ce ton au naturel, sans changer la clef.

Mêmes accords et mêmes terminaisons que pour le 5ᵉ ton.

Orgue un ton au-dessous du diapason **6ᴱ TON** Dominante La

TRANSPOSITION. — On accompagnera ce ton au naturel, c'est-à-dire sans changer la clef.

Mêmes accords que pour le 1ᵉʳ ton.

Nᵃ Le Si étant toujours bémol, on n'emploira pas les accords dans lesquels le Si naturel est note supérieure de l'accord.

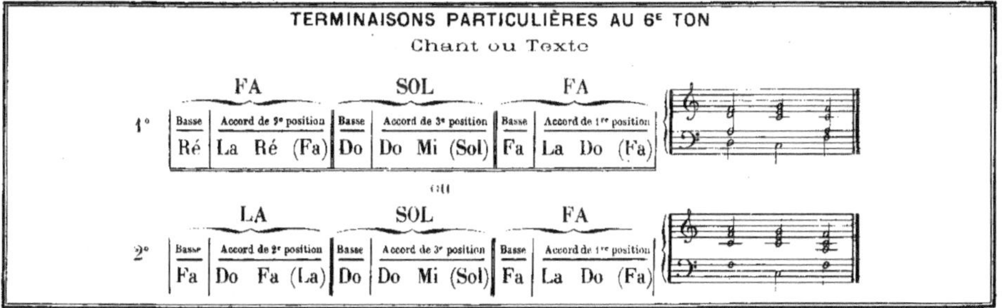

TERMINAISONS PARTICULIÈRES AU 6ᴱ TON

Chant ou Texte

	FA		SOL		FA	
	Basse	Accord de 2ᵉ position	Basse	Accord de 3ᵉ position	Basse	Accord de 1ʳᵉ position
1°	Ré	La Ré (Fa)	Do	Do Mi (Sol)	Fa	La Do (Fa)

ou

	LA		SOL		FA	
	Basse	Accord de 2ᵉ position	Basse	Accord de 3ᵉ position	Basse	Accord de 1ʳᵉ position
2°	Fa	Do Fa (La)	Do	Do Mi (Sol)	Fa	La Do (Fa)

Orgue un ton au-dessous du diapason. **14ᴱ TON (6ᵉ M.)** Dominante La.

TRANSPOSITION. — Ou bien la clef est une clef d'Ut (4ᵉ ligne), on la conserve; ou bien c'est une clef d'Ut (2ᵉ ligne), on la convertit en clef de Fa (2ᵉ ligne).

Mêmes accords et mêmes terminaisons que pour le 6ᵉ ton.

Le Si est toujours bémol; le Mi, devenant bémol accidentellement, on emploie l'accord de Mi♭ renfermé dans le tableau partiel du 9ᵉ Ton.

Orgue au diapason. **7ᴱ TON** Dominante Sol.

7ᴱ TON

Transposition. — Ou bien la clef est une clef d'Ut (3ᵉ ligne), on en fait une clef de Fa (3ᵉ ligne). — Ou bien c'est une clef d'Ut (3ᵉ ligne), on la convertit en une clef de Fa (2ᵉ ligne).

Le Si est toujours bémol ; — le Mi devient bémol accidentellement.

Accords du 7ᵉ Ton

DÉNOMINATION ET CONSTRUCTION DES ACCORDS.

Basse		1ʳᵉ Position	2ᵉ Position	3ᵉ Position
Do		Mi Sol (Do)	Sol Do (Mi)	Do Mi (Sol)
Ré	Mineur	Fa La (Ré)	La Ré (Fa)	Ré Fa (La)
	Majeur	»	»	Ré Fa♯ (La) suivi de (Sol) 1ʳᵉ posit. maj. ou m., ou de (Si♭) 2ᵉ pos. de Sol min.
Mi♭ (accidentel)		Sol Si♭ (Mi♭)	»	»
Fa		La Do (Fa)	Do Fa (La)	Fa La (Do) suivi surtout de (Si♭) 1ʳᵉ pos., ou de (Ré) 2ᵉ p. de Si
Sol	Mineur	Si♭ Ré (Sol)	Ré Sol (Si♭)	»
	Majeur	Si Ré (Sol) suivi de (Sol) 3ᵉ p. de Do, ou de (Mi) 2ᵉ posit. de Do.	»	Sol Si (Ré) suivi de (Do) 1ʳᵉ posit. ou de (Mi) 2ᵉ p. de Do.
La	Mineur	Do Mi (La)	Mi La (Do) rarement.	»
	Majeur	»	»	La Do♯ (Mi) suivi de (Ré) 1ʳᵉ posit., ou de (Fa) 2ᵉ p. de Ré. Ou de (Ré) 2ᵉ p. de Si
Si♭		Ré Fa (Si♭)	Fa Si♭ (Ré) suivi surtout de (Mi♭) 1ʳᵉ pos.	Si♭ Ré (Fa) suivi seulement de (Mi♭) 1ʳᵉ posit.

RÉALISATION DES ACCORDS EN MUSIQUE.

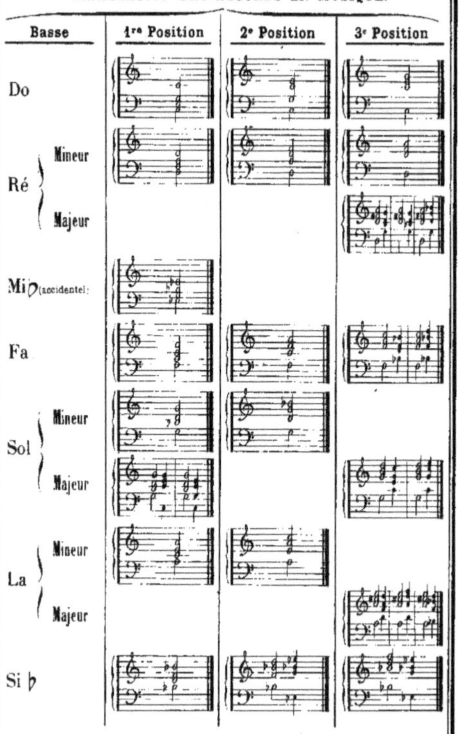

Basse		1ʳᵉ Position	2ᵉ Position	3ᵉ Position
Do				
Ré	Mineur			
	Majeur			
Mi♭ (accidentel)				
Fa				
Sol	Mineur			
	Majeur			
La	Mineur			
	Majeur			
Si♭				

TERMINAISONS PARTICULIÈRES AU 7ᴱ TON

Chant ou Texte

	MI		RÉ		DO	
	Basse	Accord de 2ᵉ position	Basse	Accord de 3ᵉ position	Basse	Accord de 1ʳᵉ position
1°	Do	Sol Do (Mi)	Sol	Sol Si (Ré)	Do	Mi Sol (Do)

Orgue au diapason. **8ᴱ TON** Dominante Sol.

8ᴱ TON

Transposition. — La clef de Fa (2ᵉ ligne) se change en clef d'Ut (2ᵉ ligne). — Ou bien la clef d'Ut se trouve sur la (4ᵉ ligne), on la transporte sur la (2ᵉ ligne); ou bien encore, elle se trouve sur la (3ᵉ ligne), on la place sur la (1ʳᵉ ligne). — Le Fa est toujours dièze, sauf le cas du bémol accidentel, qui le rend naturel.

Accords du 8ᵉ Ton

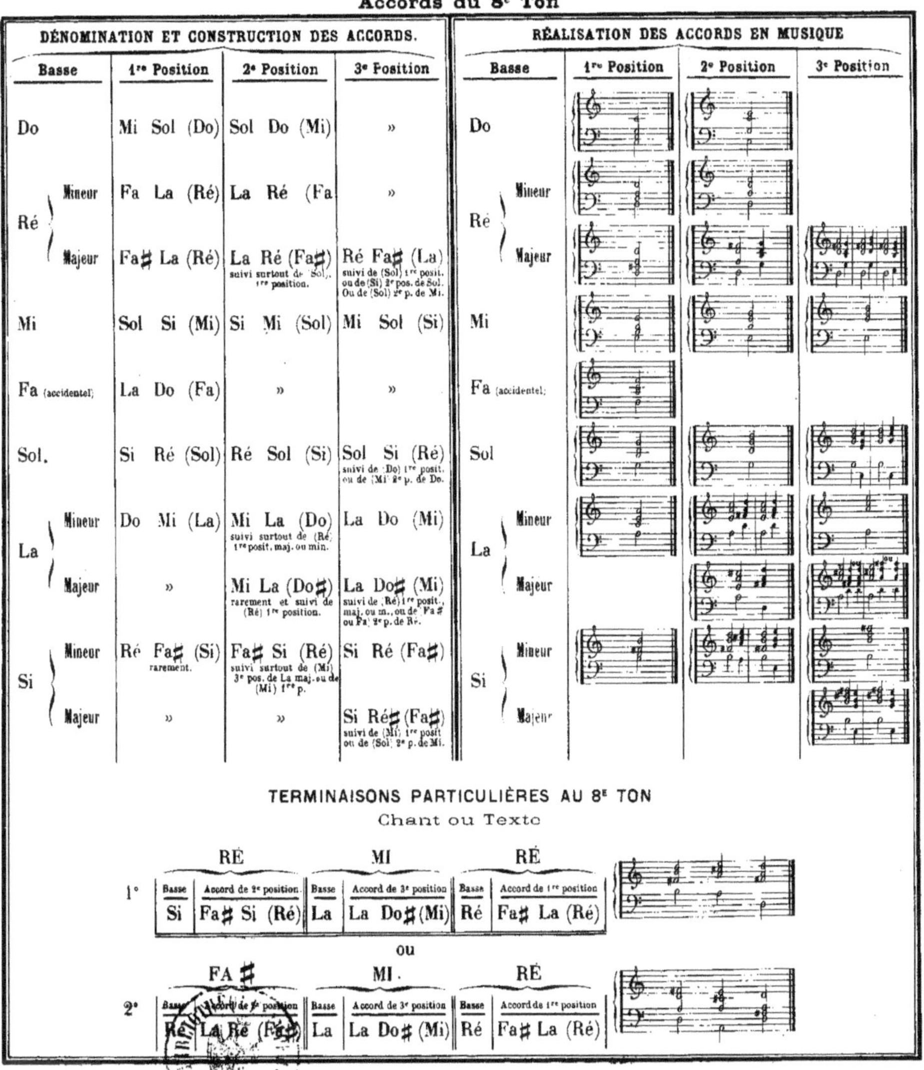

DÉNOMINATION ET CONSTRUCTION DES ACCORDS. / **RÉALISATION DES ACCORDS EN MUSIQUE**

Basse		1ʳᵉ Position	2ᵉ Position	3ᵉ Position
Do		Mi Sol (Do)	Sol Do (Mi)	»
Ré	Mineur	Fa La (Ré)	La Ré (Fa	»
Ré	Majeur	Fa♯ La (Ré)	La Ré (Fa♯) suivi surtout de (Sol), 1ʳᵉ position.	Ré Fa♯ (La) suivi de (Sol) 1ʳᵉ posit. ou de (Si) 2ᵉ pos. de Sol. Ou de (Sol) 2ᵉ p. de Mi.
Mi		Sol Si (Mi)	Si Mi (Sol)	Mi Sol (Si)
Fa (accidentel)		La Do (Fa)	»	»
Sol.		Si Ré (Sol)	Ré Sol (Si)	Sol Si (Ré) suivi de (Do) 1ʳᵉ posit. ou de (Mi) 2ᵉ p. de Do.
La	Mineur	Do Mi (La)	Mi La (Do) suivi surtout de (Ré) 1ʳᵉ posit. maj. ou min.	La Do (Mi)
La	Majeur	»	Mi La (Do♯) rarement et suivi de (Ré) 1ʳᵉ position.	La Do♯ (Mi) suivi de (Ré) 1ʳᵉ posit., maj. ou m., ou de (Fa♯ ou Fa) 2ᵉ p. de Ré.
Si	Mineur	Ré Fa♯ (Si) rarement.	Fa♯ Si (Ré) suivi surtout de (Mi) 3ᵉ pos. de La maj. ou de (Mi) 1ʳᵉ p.	Si Ré (Fa♯)
Si	Majeur	»	»	Si Ré♯ (Fa♯) suivi de (Mi) 1ʳᵉ posit ou de (Sol) 2ᵉ p. de Mi.

TERMINAISONS PARTICULIÈRES AU 8ᴱ TON

Chant ou Texte

1°

	RÉ		MI		RÉ
Basse	Accord de 2ᵉ position	Basse	Accord de 3ᵉ position	Basse	Accord de 1ʳᵉ position
Si	Fa♯ Si (Ré)	La	La Do♯ (Mi)	Ré	Fa♯ La (Ré)

ou

2°

	FA ♯		MI.		RÉ
Basse	Accord de 2ᵉ position	Basse	Accord de 3ᵉ position	Basse	Accord de 1ʳᵉ position
Ré	La Ré (Fa♯)	La	La Do♯ (Mi)	Ré	Fa♯ La (Ré)

www.ingramcontent.com/pod-product-compliance
Lightning Source LLC
LaVergne TN
LVHW010012230826
846092LV00002B/772